AF253593

# A MONSIEUR LÉON SAY

PRÉSIDENT DE LA RÉUNION DU CENTRE GAUCHE

# RÉPUBLIQUE ET MONARCHIE

PARIS

IMPRIMERIE DUBUISSON & C^ie

5, RUE COQ-HÉRON, 5

1873

# AVANT-PROPOS

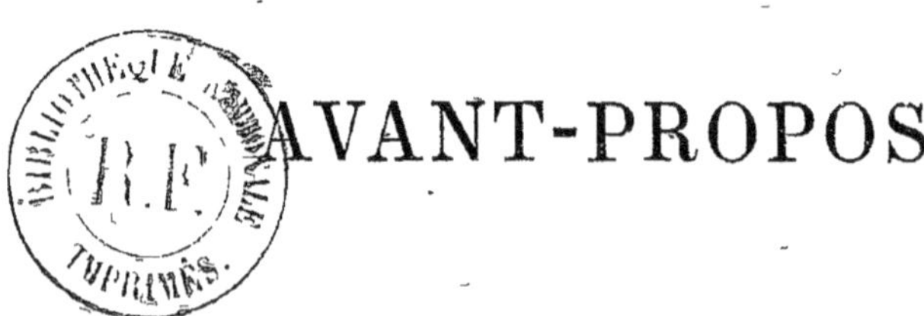

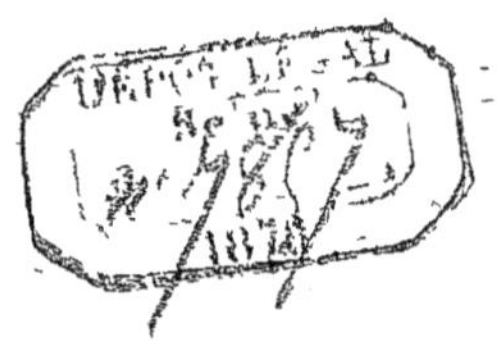

Cette lettre était déjà livrée à l'impression et le bon à tirer avait même été signé par son auteur, lorsque a éclaté la lettre de M. le comte de Chambord; la première impression fut de suspendre le tirage; cependant, après quatre jours de réflexion et sur le conseil de plusieurs de ses amis, l'auteur s'est décidé à la faire paraître nonobstant les circonstances.

On lui a fait remarquer, et il a fini par se ranger à cet avis, qu'il serait peut-être fâcheux de voir disparaître, faute du tirage, certains arguments et considérations en faveur de la monarchie traditionnelle que contenait sa rédaction; et, bien qu'il y ait moins de motifs en ce moment à chercher par la persuasion à ramener à cette forme de gouvernement ses collègues du Centre gauche, cependant, au point de vue de la comparaison à établir entre elle et la République, et de la définition de leur rôle respectif à l'égard de notre pays, il ressort de la lecture de ce travail quelques utiles enseignements.

C'est donc à un point de vue purement didactique, mais national, qu'il le livre à la publicité.

# A MONSIEUR LÉON SAY

## PRÉSIDENT DE LA RÉUNION DU CENTRE GAUCHE

## MONARCHIE FRANÇAISE

MON TRES HONORÉ COLLÈGUE,

Plusieurs journaux, le *Journal des Débats* en particulier, reproduisent chaque jour (1) une série de lettres et de déclarations de principes d'un certain nombre de nos collègues de la réunion du Centre gauche dont vous êtes le Président ; ces lettres contiennent des appréhensions bien intempestives et souvent injustes, et si, dans un pays à traditions et à mœurs républicaines de tout temps pratiquées, elles pourraient avoir leur raison d'être, il faut convenir qu'après vingt ans chez nous d'Empire absolu, autoritaire, dictatorial, naguère humblement ou favorablement acceptés par l'immense majorité des électeurs, des signataires, elles ne figurent plus que des sentiments contradictoires avec leurs instincts réels, et ne représentent plus dès lors qu'un anachronisme.

Il y a dans ces déclarations de nos collègues de l'indignation et des plaintes ; à les entendre, on pourrait se croire à quelques pas de la fin du monde ; heureusement que beaucoup de gouvernements tomberont avant la fin de celui-là et que la Royauté pourra revenir parmi nous à la tête de la République, sans que l'an mil lui fasse cortége et que ces flagellants prennent longtemps plaisir à se traiter aussi mal ; tandis qu'il leur serait au

---

(1) Cet alinéa s'applique aux lettres nombreuses, fort émues et même irritées, que plusieurs membres du Centre gauche ont échangées entre eux et les journaux dans le courant d'octobre dernier, à propos du projet de restauration de la monarchie.

contraire si facile de s'adapter à une situation désormais inévitable, s'ils consentaient seulement à chercher à l'améliorer avec nous dans le sens possible de leurs propres aspirations.

Que peuvent vouloir, en effet, en politique, nos honorables collègues, sinon ce que nous voulons nous-mêmes, les libertés publiques et privées, politiques et sociales, religieuses et philosophiques ? Il est difficile, je suppose, qu'ils en souhaitent davantage, et même, dans votre rigorisme, je pourrais vous défier de traiter ce programme que j'indique d'une revanche de 89. Mais ne savent-ils donc et ne savez-vous pas vous-même, mon honoré collègue, que si notre cher pays est des plus coulants et rampants vis-à-vis du régime discrétionnaire qu'un empereur ou un président soi-disant républicain juge à propos de lui départir, il sait en revanche exiger jusqu'au dernier centime le paiement des garanties et des promesses qu'a pu lui faire l'honnêteté d'un roi légitime ? Ici, par exemple, nous sommes intraitables, nos révolutions l'ont prouvé ; et il y aurait bien, ce me semble, de quoi rassurer suffisamment nos honorables collègues, s'ils consentaient à vouloir l'être, dans ce souvenir également fructueux pour les gouvernants et les gouvernés ; ils ont donc marché sur une mauvaise herbe pour devenir si épineux ; et, à moins qu'ils n'aspirent tous à la présidence de la République, il est difficile de comprendre la singulière émotion qui les anime.

L'émotion est pourtant une erreur en politique. La supériorité de Jules César, a dit Saint-Évremond, tenait à ce qu'il fut l'homme de son temps le plus actif et le *moins ému*. César, il est vrai, sans avoir fait partie du Centre gauche, ne prit des idées populaires que ce qu'il lui en fallait pour l'action calme et sans émotion de son puissant caractère ; aussi fut-il à son gré président de la République et même davantage, et aussi, par le défaut contraire, nos honorables collègues ne le seront-ils probablement jamais ; mais ils peuvent en avoir le désir : leur conduite même, pour les plus en vue d'entre eux, semblerait montrer qu'ils y tendent. Et peut-être qu'après tout ils n'auraient pas si grand tort de le souhaiter, s'ils se sentent inspirés par ce que Voltaire appelait *la convoitise enragée*, et qui pousse de nos jours le premier électeur venu, quelque peu disert, à vouloir être député, le plus mince député ministre, le ministre le plus médiocre président de la République.

Tout cela est, du reste, fort logique sous un gouvernement purement électif, sans en être moins ridicule; car, en république, les Assemblées étant promptement dédaignées ou démonétisées par habitude ou par système, il n'y a que le Président qui compte, de même que, dans une horloge, l'aiguille seule indiquant l'heure importe à la foule et attire ses regards, sans qu'elle s'inquiète beaucoup de la valeur des rouages.

La plus savante organisation des pouvoirs publics et de leurs plus ingénieux ressorts serait donc sans importance pour la République, s'il lui manque l'aiguille indicatrice de ses destinées; disons en termes plus simples : s'il lui manque son Président. Y a-t-il parmi nous beaucoup d'aspirants à ce rôle suprême qui pourraient se regarder sans rire dans leur miroir? Un président ! mais nos honorables collègues savent-ils bien le minimun nécessaire en talent et en prestige pour exercer en France une pareille autorité? Un président, grand Dieu! Mais après M. Thiers, qui aurait pu vivre ce qu'il eût voulu s'il n'eût préféré mourir sous le double suicide de ses deux puériles démissions, ,et de ses faiblesses révolutionnaires quoique routinières, quel serait le président bourgeois assez osé pour reprendre sa succession écrasante? Que Dieu fasse paix à notre illustre ancien président; il aura une belle page dans l'histoire pour son étonnante activité, un esprit et une merveilleuse éloquence toujours à son service ; mais il n'en est pas moins mort au bon moment; déjà son action n'existait plus sur l'armée ; avant peu, elle n'aurait plus existé sur rien, vis-à-vis du débordement qui le menaçait.

Ah! l'autorité d'un président ! c'est qu'elle doit aujourd'hui, pour durer, exercer un prestige égal et constant sur les trois sociétés qui composent partout une nation européenne : la société civile ou des intérêts, la société militaire, la société morale ou religieuse. Il faut qu'un Président sache tout en quelque sorte et qu'à son bon sens pratique et universel, il joigne la pénétration de l'homme d'État, surtout et avant tout le coup d'œil et l'esprit de l'homme d'initiative; il faut, en un mot, qu'il domine toujours irrécusablement la situation dont il est enveloppé, car, de par son rôle de président, qu'il le veuille ou non, il n'en sera pas moins le dominateur de son pays, cette aiguille de l'horloge dont les mouvements ont seuls le don de captiver la multitude. On comprend dès lors quels vastes intérêts dépendent de la grandeur, du prestige, ou, au contraire, de l'insuffisance d'un Président.

✳

Or, ce merle blanc existerait-il par hasard dans les rangs du Centre gauche et même de la Gauche? Je le désire sans l'espérer. Nos collègues, il est vrai, pourraient bien me répondre : Allez-donc voir s'il s'y trouve, votre merle, à la droite et au centre droit. Mais je me permettrai alors de leur faire remarquer que, de ce côté, on a du moins la prudence, la sagesse, le patriotisme de ne pas chercher autour de soi ; mais de s'adresser à la Monarchie traditionnelle et unie, pour couronner glorieusement la nation française dans la personne de son Roi et de sa race illustre, au lieu de se croire comme tant d'autres apte à tout faire, lorsqu'on est souvent, ainsi que la généralité des hommes, totalement inhabile à seulement tout comprendre.

Mais allez donc faire taire la présomption, c'est-à-dire l'ignorance qui se pavane ; elle est dans tous les rangs, c'est la plaie sociale et politique ; et voilà pourquoi, au torrent des ambitions impossibles, il s'agit aujourd'hui d'opposer une digue que nous devrions bien élever en commun, mon cher collègue, au lieu de disputer oiseusement pour savoir si elle sera submersible, c'est-à-dire à peu près constamment recouverte par l'inondation, comme le demande votre école de la République conservatrice, ou si, au contraire, elle formera des quais solides, où, sans crainte désormais d'être noyé ou enfiévré, chacun pourra faire en paix ses affaires, en voyant couler devant soi les aspirations et les ambitions satisfaites, comme un fleuve majestueux.

Ceci est l'image de la monarchie : l'un des deux quais est formé par la constitution du peuple, l'autre par celle du Roi, car la monarchie traditionnelle est une *dualité* fort ancienne, mais qui peut aujourd'hui s'adapter à nos mœurs actuelles de la façon la plus simple. Le peuple, où la nation, car c'est sa véritable appellation, pourrait-elle rêver une constitution de ses droits plus complète que l'exercice du suffrage universel, et de son côté le Roi peut-il en souhaiter une meilleure, pour le maintien de ses droits particuliers, que son appel au trône par les élus de ce suffrage? Aucun des deux termes augustes de cette *dualité* n'a donc à craindre, pour sa dignité et les intérêts supérieurs qu'elle représente, une résurrection ainsi faite de la monarchie française ; et ce qui se prépare en est évidemment le prologue.

Daignez donc, mon cher collègue, étudier sans prévention le sens des choses et l'origine de la situation. D'où sort-elle en réalité, sinon de ce que vous tous et nous-mêmes nous considérions naguère comme une impossibilité absolue ? Mais voilà que, tout à coup, cette impossibilité devient possible ; la réalité nous aveugle comme la lumière biblique du chemin de Damas ; et nous tous, Français, dont lès intérêts sont les mêmes, qui avons si grandement souffert ensemble et qui souffrons encore, nous ne sommes pas tous éclairés unanimement et à la fois ? Voilà qui renverse la raison, vous l'avouerez, après surtout le profond et commun désastre où nous nous débattons encore.

Pardon, si ma parole revêt ici une certaine affirmation ; mais mon âge, mes antécédents d'ancien député, me donnent peut-être le droit de faire un appel à la bonne foi de vos honorables amis, à la vôtre surtout, mon cher collègue ; et si mon esprit, affamé de progrès, vous le savez bien, si ma raison vous demande de vous réserver en cette circonstance jusqu'au dernier moment, serais-je affligé du fâcheux résultat de ne vous imposer aucune créance ? Permettez-moi d'espérer le contraire en vous déroulant simplement la filiation des faits qui ont fatalement amené la situation présente avec ses exigences, et l'impossibilité, en quelque sorte, pour tout homme sincère et dévoué à son pays, de ne pouvoir éviter aujourd'hui d'en suivre le courant.

Nous sommes en vacances ; nul ne se doute de rien ; tout à coup, l'on apprend qu'une famille longtemps divisée vient de se réconcilier avec franchise. Ce fait est, ou bien vulgaire et sans portée, et alors il passera inaperçu ; ou au contraire, il renverse tous les rôles, toutes les combinaisons, toutes les tendances, et il deviendra alors profondément décisif. Or, c'est précisément ce dernier résultat qui s'est produit et qui donne à la situation son véritable caractère.

Si, en effet, une simple visite princière amenant une admirable réconciliation de famille a suffi pour produire dans toutes les nuances hostiles aux traditions françaises l'effet d'un coup de pied dans une fourmilière, c'est qu'il y avait là un grave événement et qu'on sentait une autorité supérieure renaître brusquement pour le salut social ; c'est que cette famille n'est pas la première venue pour le monde et pour nous, et que de sa désunion, à la fin du dernier siècle, date la période de nos premiers excès révolutionnaires, transformés aujourd'hui en révolution cosmopolite sans foi ni loi. Mais, sans remonter au delà de la Restauration, ne voyons-nous pas la Maison de France périr deux fois par sa nouvelle désunion moderne ? La première moitié s'écroula en 1830, l'autre moitié en 1848 ; et finalement nous avons soldé cette double catastrophe par la défaite, la ruine, le démembrement de nos frontières.

Il y a en ce moment pour nous une espérance et un sourire dans le ciel ; serait-ce en cet instant, où la brillante pléiade des derniers Capétiens, —nos princes nationaux, militaires et habiles, tous les derniers survivants de cette antique et forte race qui a fait la France,—va former, sous la conduite de son chef auguste si irréprochable, si Français, si universellement respecté, une barrière désormais infranchissable pour le désordre et les éléments de désunion de notre nationalité ; serait-ce dans un instant pareil que les esprits sincères, modérés, patriotes, de l'Assemblée, quelle que soit d'ailleurs leur nuance, iraient lâcher la proie pour l'ombre et, plutôt que de reconnaître et proclamer avec nous la Monarchie traditionnelle comme base de notre Constitution, travailleraient péniblement à chercher ailleurs des présidents inconnus et débiles pour ce que vous appelez la République, et ce qui, depuis Louis XVI, n'a jamais été que la succession à bref délai de plusieurs monarchies ou dictatures temporaires, usurpatrices les unes des autres, se culbutant les unes sur les autres, et dont les fautes et les chutes nous ont insensiblement anéantis?....

Non ! mon cher collègue, non, cela ne sera pas, parce que cela ne peut pas être. Supposez qu'au milieu des horreurs du siége de Paris et de l'invasion, la combinaison monarchique, basée sur l'union constatée de la Maison royale, se fût offerte subitement à votre parti pour mettre un terme à nos malheurs, et qu'il eût suffi d'unir vos mains aux nôtres pour retenir cette combinaison dépositaire du salut commun, et la faire accepter par l'Europe et la nation, n'aurions-nous pas serré nos mains ensemble ? L'auriez-vous laissé au contraire échapper, et lorsqu'au milieu du silence glacial et malveillant pour nous de tous les cabinets et de tous les peuples, la voix sereine, mais indignée, du comte de Chambord, s'éleva seule de la terre étrangère, mais seule, entendez-le bien, pour protester avec horreur contre le bombardement de la ville de ses ancêtres, nous eussiez-vous dénié votre concours ? Je laisse à votre impartialité, à votre cœur, malgré la grande émotion du groupe parlementaire que vous représentez, le soin de me répondre.

Nous serions donc bien près de nous entendre si vous étiez le simple

Président du Centre gauche; mais vous vous trouvez pour le moment quelque peu lié à la Gauche, parti plus extrême que tempéré dans ses vues, et composé de pontifes obstinés officiant solennellement chacun sur des autels séparés, ce qui vous rendrait la vie singulièrement dure si vous veniez à avoir une victoire à partager ensemble. Là gisent des difficultés, j'en conviens, mais elles peuvent se dénouer plus vite devant un seul mot que ne le fit le nœud gordien devant l'épée d'Alexandre; ce simple mot, applicable à tout, mais surtout aux situations où le patriotisme doit faire taire l'amour-propre, c'est celui-ci, bien banal mais bien véritable : *Les plus courtes folies sont les meilleures.*

Trêve donc à vos scrupules, mon honoré collègue! Un économiste sérieux comme vous qui s'imposerait des scrupules en politique, sous le règne du provisoire, ressemblerait beaucoup à un lièvre qui, de son plein gré, s'enfermerait dans une cage. République ou Monarchie sont des formes ordinairement indifférentes aux économistes, et qui ne méritent guère à leurs yeux les entraves d'un scrupule plus ou moins méticuleux, mais surtout dangereux, s'il doit vous éloigner de la vérité ; bien mieux, les vrais, ceux qui ont fait école, n'ont trouvé que dans la Monarchie un asile bienveillant, un terrain suffisamment fertile et préparé pour l'application de leurs théories les plus neuves. Il faut du calme et des lois fixes pour le succès de toutes choses, même de l'économe politique ; et à ce propos, à messieurs les économistes, comme à tous ceux qui font partie du monde des affaires publiques ou privées, à vous-même, mon cher collègue, il est une explication que je demanderai, une simple question que je me permettrai de vous poser : Pourquoi, je vous prie, la Gauche, ou, si vous l'aimez mieux, le monde républicain dans lequel sont naturellement logés vos honorables amis, est-il, ou pourquoi êtes-vous tous affligés d'un tel guignon que, lorsque la fortune paraît vous sourire et vous apporter quelques faveurs, aussitôt chacun s'épouvante, la Bourse baisse, les échanges s'arrêtent, les demandes de remboursement affluent, les hôtels se vident, les touristes et les riches étrangers s'éclipsent et disparaissent? on ne sait ce qu'est devenu l'argent, seulement il ne paraît plus! Quand, au contraire, c'est la Droite qui se trouve favorisée, quand paraissent triompher les idées de Monarchie, l'opposé arrive, la confiance renaît, la fortune publique s'accroît par la hausse, l'argent abonde et se présente aux entreprises ; ce phénomène impitoyable pour le succès de l'idée républicaine ne semblerait-il pas indiquer une certaine répulsion pour son établissement définitif, une démonstration assez évidente que si le gouvernement pouvait jamais lui appartenir, il ne lui appartiendrait que sur les ruines du pays ?

Voilà une explication à donner qui, de votre part, contenterait bien du monde, mais à propos de laquelle je n'insiste pas, chacun s'en étant peut-être déjà fait à soi-même la réponse.

Que de nouveaux pourquoi et de nouveaux comment ne pourrait-on pas se poser au milieu du tohu-bohu intellectuel où nous vivons et qui ferait perdre à tant de gens la logique des causes! Ne pourrait-on pas se demander, par exemple, pourquoi précisément tous nos départements de l'Est les plus récemment annexés, et qui constituent des provinces entières, devenues françaises par les conquêtes, les alliances, le travail de nos anciens rois, au lieu de porter leur souvenir jusqu'à cette paternité qui seule les a faits français, les a rendus fiers d'être français, qui, ô douleur! lorsqu'il a fallu se sentir arrachés, pour quelques-uns d'entre eux, du sol français par la griffe allemande, leur ont fait verser des larmes de sang sur leur nationalité française perdue; comment, dis-je, se fait-il que ces départements n'ont plus un souvenir assez fort pour remonter au delà de la légende de Kléber? N'y aurait-il pas ici quelque mauvais tour de la République conservatrice, car elle a souvent changé d'étiquette; elle s'est longtemps appelée le libéralisme, appuyé sur les victoires et conquêtes de nos révolutions, et ce qu'elle a fait avaler, sous ce vocable, de bourdes historiques à ses contemporains, a été des plus recommandable pour l'oblitération de leur mémoire. Que ce soit d'elle ou de toute autre cause, du reste, que le coup soit venu, toujours est-il qu'à cette heure vous étonneriez bien du monde dans nos départements de l'Est, si vous leur parliez de ces origines : les derniers Valois avec les trois évéchés, Metz, Toul, Verdun; Louis XIV avec Strasbourg, Colmar, Besançon; Louis XV avec Nancy; Louis XVIII avec la reprise de l'Alsace et de la Lorraine, arrachées un moment de la carte de France, en 1815, par l'Europe coalisée, et retenues palpitantes par son énergie et le désespoir du duc de Richelieu. Connaissons pas tous ces gens-là, répondraient-ils, mais vive la République! et salut à l'Allemagne! car le fil monarchique traditionnel a été coupé en 1870, le chapelet s'est égrené de deux provinces, il peut s'égrener de bien d'autres, mais qu'importe ! Vive la République !

Eh bien ! soit : Vive la République ! mais sans épithète alors, il n'y a que celle-là qui vive et qui respire. Vous pouvez tant qu'il vous plaira enfourcher tête baissée le dada de la Conservatrice, vous ne ferez pas concurrence à l'autre ; car, pour nos races latines, promptes à s'enflammer et à courir à l'extrême, la République conservatrice n'a conservé ni ne conservera jamais rien chez une nation unitaire, à moins que cette nation ne soit minuscule ou tout entière contenue dans le gouvernement d'une cité.

La petite République de la Suisse, sans frontières maritimes, et perdue dans les montagnes et les glaciers des Alpes, vit assez bien en équilibre sur son fédéralisme, bigarré de trois langages, et surtout par sa neutralisation en Europe, qui constate sa faiblesse.

Les États-Unis d'Amérique, vingt-six fois plus étendus que la France avec une population égale, protégés chez eux par l'espace et autour d'eux par le désert, peuvent également former une grande République à l'aide de vastes Etats, indépendants chacun chez eux et puissamment fédéralisés entre eux pour la formation du faisceau national. Tout cela est logique et facile à comprendre.

Mais en France, unitaires comme nous le sommes, nous devenons grotesques quand nous sortons de la Monarchie ; aussi n'en sommes-nous en réalité jamais sortis sérieusement, malgré nos prétentions républicaines, que pour la déclarer impériale, temporaire, élective, viagère, et ce sont ces contrefaçons de Monarchie que nous avons appelé sans rire la République française.

Mais la République n'est cela chez aucun peuple ; elle vit de fédéralisme ; et la seule formule fédérale, chez nous, de la République, c'est la Commune de Paris.

Voulez-vous la Commune, mon honoré collègue, ou voulez-vous la Monarchie ?

Tels sont, au point de vue abstrait, la logique et le dilemme qui ressortent de la comparaison entre elles de ces deux formes politiques.

Quant à la pratique, à ce point de vue de l'action immédiate de votre influence et de celle de vos amis dans les événements du jour, voyez les élections partielles : les dominez-vous quelque part ?

M. Thiers eût été candidat de Paris aux élections de mai qu'il n'eût pas rallié sur son nom une voix de plus que M. de Rémusat ; il se croyait pourtant, à cette époque, au faîte de sa popularité.

Depuis ce moment, aux dernières élections d'octobre, votre modération, la notoriété honnête et sage de vos amis qui tiennent par tant d'attaches au parti conservateur, ont-elles modifié le courant radical, malgré vos déclarations républicaines ? Vous savez bien que non. Partout triomphent des radicaux, ou des conservateurs dé naissance mais liés par des engagements radicaux, ce qui est la même chose ; et vous croyez, avec de pareilles tendances, après de pareils actes, que vous maintiendriez longtemps dans le devoir, sous une République quelconque, l'armée, la police, la gendarmerie, en un mot, la force publique, nécessaire sous tout gouvernement à la simple garantie des lois ? Mais en quelques mois du gouvernement d'une Chambre radicale, vous tomberiez dans l'abîme espagnol, dans cet enfer anarchique où l'on se fusille et se canonne sur terre et sur mer.

J'ai entendu souvent de la bouche même de M. Thiers cette définition de la République conservatrice : « La République ne peut être chez nous que » l'exercice de la liberté tempéré par l'état de siége. » Le mot est charmant parce qu'il est vrai ; mais où prendriez-vous donc ce grand modérateur, l'état de siége, lorsque, par l'effet de la liberté républicaine, les notions de la discipline et du devoir auraient disparu de partout ? L'armée dissoute et disparue, où serait donc l'instrument de l'état de siége ? Il n'y a qu'une Assemblée conservatrice jusqu'à la monarchie, comme la nôtre, qui, en maintenant la grandeur du pays par la restauration de son armée, ait pu appliquer à la moitié des départements la loi redoutable, mais tutélaire, de l'état de siége. Cette Assemblée seule pourrait encore étendre, s'il le fallait, la même mesure à la totalité du territoire ; mais elle seule, entendez-le bien, mon cher collègue, elle seule le pourrait avec efficacité, parce qu'enfantée dans la douleur de notre catastrophe militaire, au milieu des cris de détresse d'une nation qui se noyait, elle se sent revêtue d'un caractère dictatorial pour sauver l'ordre et le pays. Sans doute elle a commis des fautes, et de grandes, qui tiennent surtout à son honnête inexpérience et à ce qu'elle n'a pas compris assez tôt la mission totalement discrétionnaire dont les événements l'avaient investie ; néanmoins, telle qu'elle est, à la prendre dans l'ensemble de ses actes, on peut dire d'elle, en lui appliquant une parole célèbre : Cette Assemblée a sauvé la France, et n'a laissé à d'autres que l'honneur de la suivre.

Oui, cette Assemblée a fait de grandes choses ; la première, et ce sera son grand honneur, c'est d'avoir essayé de fonder en France le respect de la loi, par la modération de ses prétentions et de ses visées.

L'idée monarchique seule fait la loi durable et toujours respectée. L'idée républicaine, par la mobilité de ses institutions et les échéances à bref délai de ses pouvoirs toujours électifs, rend la loi méprisable parce qu'elle n'est jamais, aux yeux du public, que l'expression de situations et de besoins extrêmement momentanés. Le retour du Roi au sommet de l'édifice national, avec son droit historique incontesté, c'est le retour en France du respect de la loi, sans lequel nulle société civilisée ne saurait vivre.

Après cela, qu'importent les mots, les devises, les emblèmes, les drapeaux, les costumes ! tout cela, c'est de la décoration. L'histoire, très coulante à ce sujet, change de couleurs comme de chemises, et nous montre en agissant de la sorte l'enfantillage de ces questions. Au fond il n'y en a qu'une ; c'est de reconnaître qu'une monarchie renaissante, dans les conditions où la poserait l'avénement du comte de Chambord, ne peut être ni menteuse, ni despotique, alors même qu'elle ne serait pas garantie libérale et française par sa loyale parole. Les mœurs sont plus fortes encore que les lois, et aujourd'hui il n'est pas plus au pouvoir du Roi qu'à celui de la nation de se nuire et d'empiéter l'un sur l'autre. La majestueuse dualité de la monarchie recevra de l'Assemblée la définition des droits et devoirs qui incomberont à chacune de ses deux constitutions respectives, et ce sera alors le moment d'examiner si 89 est bien observé ou si l'on en prend la revanche. Rassurez-vous à cet égard, mon cher collègue, ce n'est pas cela qui doit vous effrayer avec le maintien du suffrage universel ; c'est le reste, c'est le provisoire actuel, ou encore mieux l'organisation de l'instabilité républicaine en face de la démoralisation générale, que vous demandez avec vos honorables amis, qui peut être redoutable. Quant à 89, s'imaginer que tout est dit quand on a prononcé cette date un peu vieillie, ce serait, lorsqu'on a les chemins de fer et la télégraphie, qui valent un peu mieux que 89 pour la garantie des droits modernes, établir son Evangile sur les anciennes diligences, les fusils à pierre, et autres moyens surannés du même temps; et vous êtes trop éclairé, mon honoré collègue, pour seulement y porter votre pensée.

Mais pourquoi reculer à ces dates anciennes où tout est mort et disparu? Revenons au temps présent; n'avons-nous pas assez de morts autour de nous, mon cher collègue? Qui donc est resté debout de ces hommes indispensables, de ces réputations en faveur, objet naguère de notre confiance? Jetez les yeux autour de vous: partout le discrédit, la mort, les ruines, le déraillement universel; et si, après tant d'exemples et de leçons, vous ne voyez pas encore où vous allez, avec vos amis honnêtes mais pointilleux, vous serez promptement avalés par la Monarchie, ou étranglés par votre queue démagogique. Le temps des expédients et des présidents bourgeois est passé, c'est peut-être regrettable au point de vue de l'agrément et de la commodité des rapports, et il n'eût tenu qu'à M. Thiers, plus flexible et habile, de faire durer longtemps ce tableau patriarcal; mais il devait finir le jour de l'expiration de la trève des partis; et d'ailleurs, une nation comme la nôtre, quand elle a mis à sa tête des maréchaux d'armée comme présidents, ne peut plus les échanger que contre des princes.

La France est lasse aujourd'hui des agitations; et c'est au moment où elle demande à rentrer au port, que vous iriez lui proposer de prendre le large? Non! non! Elle veut se livrer à ses affaires, regagner ce qu'elle a perdu, et en même temps, ne vous y trompez pas, elle veut aussi non-seulement ne pas s'ennuyer, mais se récréer et s'amuser comme jadis; le séjour à Paris du shah de Perse vous a, je suppose, suffisamment édifié à ce sujet. Avec de pareilles tendances, toute votre agitation républicaine et puritaine n'est que superficielle et dans un but électoral; elle est due aux moyens odieux d'une presse détestable, et aussi peut-être à la faiblesse irrésolue du gouvernement; mais ce pays-ci ne peut se perdre pour la satisfaction de quelques esprits faux et pervers, qui ne s'aperçoivent pas, les malheureux! qu'en poussant à l'exagération démocratique, ils jouent le jeu de nos mortels ennemis: les encouragements et les cris de joie et de dérision des journaux les plus monarchiques de l'étranger, proclamant sans cesse que nous ne sommes faits en France que pour la République, qu'elle est bien bonne pour nous, et qu'il nous faut avant tout la conserver, le prouvent surabondamment.

Il est temps encore, mais il n'est que temps, de ne pas jouer davantage ce jeu redoutable qui cache un piége effrayant.

Mais ici apparaît heureusement dans toute sa majesté et son indispensable utilité nationale, qui est aussi une majesté particulière, la maison de France, retrouvée et refaite par la Providence pour nous réconcilier avec nous-mêmes et avec l'Europe.

En un mot, mon cher collègue, voulez-vous ma conclusion finale et pratique? La voici dans toute sa vérité.

## CONCLUSION

La différence chez nous entre la République et la Monarchie, c'est qu'en République le peuple *donne la couronne* et qu'en Monarchie, il *ne la donne pas;* il la trouve toujours occupée par une hérédité respectable qui le protége, tant contre ses propres excès que contre les haines et les intérêts de ses voisins étrangers. Quant à la liberté et à l'égalité pour les droits civils et l'accession de tous aux fonctions publiques, elles sont encore mieux et plus paisiblement garanties sous la Monarchie que sous la République.

Je ne parle ni des affaires, ni du crédit, ni de l'esprit d'entreprise, ni de la richesse générale et privée : on connaît leur physionomie sous la République ; on la connaît aussi sous la Monarchie ; il est facile de comparer.

Eh bien! tant que le pouvoir suprême, autrement dit la *disposition de la couronne*, ne sera pas enlevé aux convoitises de la multitude, ils iront à leur perte, les conservateurs imprévoyants des deux centres qui espèrent, en se cachant ou en se désintéressant, échapper au sort qui les menace. Sans doute, le peuple a le droit irrévocablement acquis de coopérer à la confection de la loi ; rien de mieux; c'est le fameux précepte *Lex fit consensu populi* de la vieille formule monarchique de nos pères; c'est le suffrage universel moderne, avec des attributions définies et coordonnées; mais qu'en même temps le même peuple prétende s'emparer du suprême pouvoir et couronner un intrigant ou un César de rencontre, tant qu'existent encore des membres de sa vraie dynastie nationale, oh! alors, c'est une usurpation coupable des droits du souverain traditionnel, ce *palladium* européen et fixe de l'ordre et de tous les intérêts nationaux et privés; aussi, le Roi doit-il alors trouver de son côté sa propre définition, et sa puissance particulière et esssentiellement française, dans le dernier membre de phrase de la célèbre formule : *Et constitutione regis.*

Oui ! la Constitution du Roi, à côté de celle de la nation : voilà le salut et voilà aussi pourquoi Henri V, imitant son glorieux ancêtre, qui, à son avénement, fit frapper les premières pièces de 6 francs avec cet exergue : HENRICUS QUARTUS FRANCORUM REIPUBLICÆ REX, pourrait, s'il le voulait, en montant sur le trône, s'appeler hardiment : HENRI V, ROI DE FRANCE ET DE LA RÉPUBLIQUE FRANÇAISE, car il résumerait assez bien de la sorte une situation dont lui seul peut résoudre les problèmes.

Ainsi donc, tout cela est nécessaire ; mais, si en face du radicalisme actuel du suffrage universel et du prochain chaos qu'il porte dans ses flancs, le parti conservateur tout entier, Centre droit et Centre gauche, ne se place pas carrément sur ce terrain pour constituer le pays en rappelant la royauté, — *il est perdu.*

S'il s'y place, au contraire, et parvient à s'y faire un logement vigoureux,

*Il fonde la vraie monarchie populaire,* et la France reprend ses glorieuses destinées.

Je tenais à vous poser ce dilemme, mon cher collègue, en espérant que vous et vos honorables amis, vous ne prendrez pas la route fatale.

Veuillez me croire, mon cher et honoré collègue,

Votre très dévoué,

**Le Comte de DOUHET,**

MEMBRE DE L'ASSEMBLÉE NATIONALE

(Puy-de-Dôme).

Paris. — Imp. Dubuisson et Cie, rue Coq-Héron, 5. — 4458